Was schreibe ich groß?

Fast alle Wörter schreibt man **klein**.
Nur **Satzanfänge** und **Nomen** (Namenwörter) schreibt man **groß**.

Der Satzanfang

Das **erste Wort** in einem Satz immer **groß** beginnen!
Nach Punkt (.) und Ausrufezeichen (!) und Fragezeichen (?)
immer groß anfangen!

Die Nomen (Namenwörter)

Alle **Nomen** schreibt man am Anfang **groß**!

Alle Namen von **Lebewesen** und **Dingen**, die man sehen, anfassen und zählen kann, sind **Nomen**:

zwei Augen

drei Dinos

vier Kerzen

Aber auch vieles, das man nicht sehen, hören, riechen, schmecken oder anfassen kann, hat einen Namen und ist ein **Nomen**. Wir können es spüren, darüber nachdenken und darüber sprechen:

die Angst, der Hunger, das Glück, der Traum

Alle Wörter, die alleine mit einem Artikel (der, die, das) stehen können, sind **Nomen**:

der

der Computer

die

die Rakete

das

das Telefon

Nomen sind nicht leicht zu erkennen.
Du wirst aber nach und nach ein Gefühl dafür bekommen.

REGEL

Fast alle Wörter schreibt man **klein**.
Satzanfänge und **Nomen** (Namenwörter) schreibt man groß.

Wähle 5 Sätze aus und schreibe sie auf.
Entscheide dich am Satz**ende** für ein Satz**zeichen** (.) (!) (?).
Was schreibt man groß?

TIPP *

Die **Nomen** sind vorne **grün** markiert.
Man schreibt sie **groß**.

der hund mag wurst die maus mag käse was magst du ein känguru hat einen beutel die hose hat zwei beine die spinne hat acht beine kann eine maus fliegen der pirat hat einen säbel reiten macht spaß der wal ist kein fisch

REGEL

Fast alle Wörter schreibt man **klein**.
Satzanfänge und **Nomen** (Namenwörter) schreibt man **groß**.

Denke dir selbst Sätze aus und schreibe sie auf.
Entscheide dich am Satz**ende** für ein Satz**zeichen** (.) (!) (?).
Was schreibt man groß?

TIPP *

Alle Namen von Lebewesen und Dingen, die man sehen, anfassen oder zählen kann, sind **Nomen**. Man schreibt sie groß:
1 **M**aus, 2 **K**atzen, 3 **W**olken …

Groß- und Kleinschreibung

REGEL

Fast alle Wörter schreibt man **klein**.
Satzanfänge und **Nomen** (Namenwörter) schreibt man **groß**.

So heiße ich:

Schreibe die Namen von Kindern aus deiner Klasse auf.

TIPP *

Alle Namen schreibt man **groß**.
Schau auf der Klassenliste nach, wenn du nicht weißt
wie ein Name geschrieben wird!

EGEL

Fast alle Wörter schreibt man **klein**.
Satzanfänge und **Nomen** (Namenwörter) schreibt man **groß**.

Schreibe noch mehr Namen auf.

Weißt du, wie deine Oma heißt?

Oder deine Kusine?

Oder dein Papa?

Wen kennst du noch?

REGEL

Fast alle Wörter schreibt man **klein**.
Satzanfänge und **Nomen** (Namenwörter) schreibt man **groß**.

Schreibe die **Nomen** (Namenwörter) von **Lebewesen** (Tieren, Menschen, Pflanzen) auf. Schreibe auch den Artikel (der, die, das) dazu.

der 

die 

der 

die 

der 

die 

 der

der Löwe, die Maus, das Kind

die 

das 

der 

der 

der 

 der

 das

 die

 das

 die

 der

 der

TIPP *

Alle Namen von Lebewesen und Dingen, die man sehen, anfassen oder zählen kann, sind **Nomen**. Man schreibt sie **groß**: 1 **M**aus, 2 **K**atzen, 3 **W**olken …

der 

der 

die 

der 

das 

der 

der 

die 

die 

der 

das 

die 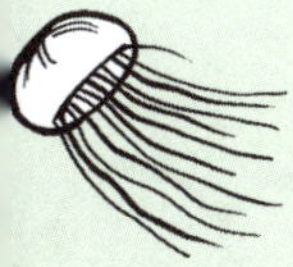

die 

der 

TIPP *

Schau auch in Büchern oder Zeitschriften nach, dann weißt du gleich, wie man diese Wörter schreibt.

REGEL

Fast alle Wörter schreibt man **klein**.
Satzanfänge und **Nomen** (Namenwörter) schreibt man **groß**.

Schreibe die **Nomen** (Namenwörter) von **Dingen** auf.
Schreibe auch den Artikel (der, die, das) dazu.

der 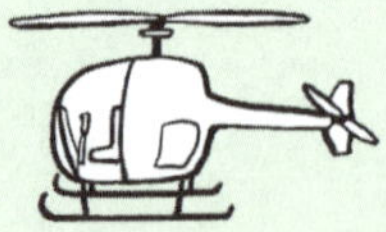

die 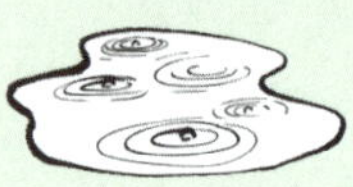

der 

die 

das 

das Sofa, der Regen, die Wolke

die 

das 

das 

der 

das 

die 

das 

das 

TIPP *

Alle Namen von Lebewesen und Dingen, die man sehen, anfassen oder zählen kann, sind **Nomen**. Man schreibt sie **groß**:
1 **M**aus, 2 **K**atzen, 3 **W**olken …

er 

das 

die 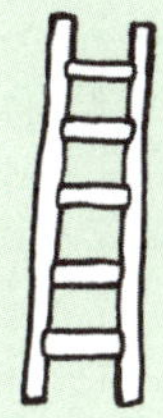

das 

der 

die 

der 

das 

das 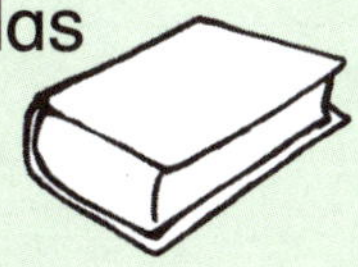

er 

die 

die 

die 

TIPP *

Schau auch in Büchern
oder Zeitschriften nach,
dann weißt du gleich,
wie man diese Wörter schreibt.

REGEL

Fast alle Wörter schreibt man **klein**.
Satzanfänge und **Nomen** (Namenwörter) schreibt man **groß**.

Schreibe deine Lieblingsnomen auf, die den Artikel der haben.

der Wolf

Schreibe deine Lieblingsnomen auf, die den Artikel die haben.

die Katze

Schreibe deine Lieblingsnomen auf, die den Artikel das haben.

das Eichhörnchen

EGEL

Fast alle Wörter schreibt man **klein**.
Satzanfänge und **Nomen** (Namenwörter) schreibt man **groß**.

Suche mindestens 20 Nomen aus dem Wörter-Kasten heraus
und schreibe sie richtig auf.

ein kopf suppe der an ich haus könig oben klein nase auf
um da krokodil sofort als nudel tiger laufen nein wolf
zahnbürste bett in groß pirat lesen prinzessin panda es
traben wiese neugierig wolke dann nacht rose dino riesig
telefon laut sofa fußball hose nass brille schreiben buch
hand löwe

IPP *

Alle Namen von Lebewesen und Dingen, die man sehen,
anfassen oder zählen kann, sind **Nomen**. Man schreibt sie **groß**:
1 **M**aus, 2 **K**atzen, 3 **W**olken …

Wie erkenne ich lange Vokale?

Die Buchstaben a e i o u heißen **Vokale**.

Sie können **lang** oder **kurz** klingen.
Die **langen Vokale** kannst du leicht erkennen,
wenn du sie mit denen in Beispielwörtern vergleichst:

Wenn das a so klingt wie in , ist es lang.

Wenn das e so klingt wie in , ist es lang.

Wenn das i so klingt wie in , ist es lang.

Wenn das o so klingt wie in , ist es lang.

Wenn das u so klingt wie in , ist es lang.

Klingen sie anders, sind sie kurz!

Kreise alle Tiere ein, in denen ein langer Vokal klingt.

EISPIEL

Das a in  klingt wie das a in  .

IPP *

Denke an die Vergleichswörter für a e i o u:

Lange und kurze Vokale

Schreibe alle Tiernamen auf, in denen ein langer Vokal klingt.

Dachs, Vogel, Affe, Fuchs, Zebra, Biber, Huhn, Dackel, Igel, Kuh, Rabe, Elch, Robbe, Schaf, Hund, Ente, Spatz, Spinne, Adler, Specht, Hamster, Storch, Fisch, Katze, Stier, Tiger, Hahn, Wal, Frosch, Wespe, Drache, Biene, Fliege, Wolf, Gans, Hase, Schnecke, Ziege, Esel

TIPP *

Denke an die Vergleichswörter für a e i o u:

Suche aus Büchern und Zeitschriften 100 Wörter heraus,
in denen das a lang klingt.

Schreibe sie auf.
Du kannst mit anderen Kindern Wörter tauschen.

TIPP *

Denke an das Vergleichswort für a :

1	11	21
2	12	22
3	13	23
4	14	24
5	15	25
6	16	26
7	17	27
8	18	28
9	19	29
10	20	30

Lange und kurze Vokale

Suche aus Büchern und Zeitschriften 100 Wörter heraus,
in denen das a lang klingt.

Schreibe sie auf.
Du kannst mit anderen Kindern Wörter tauschen.

TIPP *

Denke an das Vergleichswort für a :

31 ________ 41 ________ 51 ________

32 ________ 42 ________ 52 ________

33 ________ 43 ________ 53 ________

34 ________ 44 ________ 54 ________

35 ________ 45 ________ 55 ________

36 ________ 46 ________ 56 ________

37 ________ 47 ________ 57 ________

38 ________ 48 ________ 58 ________

39 ________ 49 ________ 59 ________

40 ________ 50 ________ 60 ________

Suche aus Büchern und Zeitschriften 100 Wörter heraus, in denen das a lang klingt.

Schreibe sie auf.
Du kannst mit anderen Kindern Wörter tauschen.

TIPP *

Denke an das Vergleichswort für a :

61	71	81
62	72	82
63	73	83
64	74	84
65	75	85
66	76	86
67	77	87
68	78	88
69	79	89
70	80	90

Suche aus Büchern und Zeitschriften 100 Wörter heraus, in denen das a lang klingt.

Schreibe sie auf.
Du kannst mit anderen Kindern Wörter tauschen.

TIPP *

Denke an das Vergleichswort für a :

91

92

93

94

95

96

97

98

99

100

Wenn du **100** Wörter gefunden hast, zähle:

Ich habe ________ Wörter gefunden, die mit aa geschrieben werden.

Ich habe ________ Wörter gefunden, die mit ah geschrieben werden.

Ich habe ________ Wörter gefunden, die nur mit a geschrieben werden.

FAUSTREGEL

Wörter, in denen das a lang klingt, werden fast immer **ohne** h dahinter geschrieben. Wenn du dir unsicher bist, schreibe lieber nur ein einfaches a .

Wörter, die mit aa und ah geschrieben werden, sind Ausnahmen. Man muss sie sich merken.

⇨ Du kannst sie auf Seite 58 und 53 im Teil MERK WÜRDIGE **Wörter** sammeln.

Suche aus Büchern und Zeitschriften 100 Wörter heraus, in denen das e lang klingt.

Schreibe sie auf.
Du kannst mit anderen Kindern Wörter tauschen.

TIPP *

Denke an das Vergleichswort für e :

1
2
3
4
5
6
7
8
9
10
11
12
13
14
15
16
17
18
19
20
21
22
23
24
25
26
27
28
29
30

Suche aus Büchern und Zeitschriften 100 Wörter heraus, in denen das e lang klingt.

Schreibe sie auf.
Du kannst mit anderen Kindern Wörter tauschen.

TIPP *

Denke an das Vergleichswort für e:

31
32
33
34
35
36
37
38
39
40
41
42
43
44
45
46
47
48
49
50
51
52
53
54
55
56
57
58
59
60

Suche aus Büchern und Zeitschriften 100 Wörter heraus,
in denen das e lang klingt.

Schreibe sie auf.
Du kannst mit anderen Kindern Wörter tauschen.

TIPP *

Denke an das Vergleichswort für e:

61
62
63
64
65
66
67
68
69
70
71
72
73
74
75
76
77
78
79
80
81
82
83
84
85
86
87
88
89
90

Suche aus Büchern und Zeitschriften 100 Wörter heraus, in denen das e lang klingt.

Schreibe sie auf.
Du kannst mit anderen Kindern Wörter tauschen.

TIPP *

Denke an das Vergleichswort für e :

91 ______ 94 ______ 97 ______

92 ______ 95 ______ 98 ______

93 ______ 96 ______ 99 ______

100 ______

Wenn du **100** Wörter gefunden hast, zähle:

Ich habe ________ Wörter gefunden, die mit ee geschrieben werden.

Ich habe ________ Wörter gefunden, die mit eh geschrieben werden.

Ich habe ________ Wörter gefunden, die nur mit e geschrieben werden.

FAUSTREGEL

Wörter, in denen das e lang klingt, werden fast immer **ohne** h dahinter geschrieben. Wenn du dir unsicher bist, schreibe lieber nur ein einfaches e .

Wörter, die mit ee und eh geschrieben werden, sind Ausnahmen.
Man muss sie sich merken.

⇨ Du kannst sie auf Seite 58 und 54 im Teil MERK WÜRDIGE **Wörter** sammeln.

Suche aus Büchern und Zeitschriften 100 Wörter heraus,
in denen das i lang klingt.

Schreibe sie auf.
Du kannst mit anderen Kindern Wörter tauschen.

TIPP *

Denke an das Vergleichswort für i :

1		11		21	
2		12		22	
3		13		23	
4		14		24	
5		15		25	
6		16		26	
7		17		27	
8		18		28	
9		19		29	
10		20		30	

Suche aus Büchern und Zeitschriften 100 Wörter heraus,
in denen das (i) lang klingt.

Schreibe sie auf.
Du kannst mit anderen Kindern Wörter tauschen.

TIPP *

Denke an das Vergleichswort für (i):

31	41	51
32	42	52
33	43	53
34	44	54
35	45	55
36	46	56
37	47	57
38	48	58
39	49	59
40	50	60

Suche aus Büchern und Zeitschriften 100 Wörter heraus, in denen das i lang klingt.

Schreibe sie auf.
Du kannst mit anderen Kindern Wörter tauschen.

TIPP *

Denke an das Vergleichswort für i :

61
62
63
64
65
66
67
68
69
70
71
72
73
74
75
76
77
78
79
80
81
82
83
84
85
86
87
88
89
90

Suche aus Büchern und Zeitschriften 100 Wörter heraus, in denen das i lang klingt.

Schreibe sie auf.
Du kannst mit anderen Kindern Wörter tauschen.

TIPP *

Denke an das Vergleichswort für i :

91 ____________ 94 ____________ 97 ____________

92 ____________ 95 ____________ 98 ____________

93 ____________ 96 ____________ 99 ____________

100 ____________

Wenn du **100** Wörter gefunden hast, zähle:

Ich habe __________ Wörter gefunden, die mit ie geschrieben werden.

Ich habe __________ Wörter gefunden, die mit ih geschrieben werden.

Ich habe __________ Wörter gefunden, die nur mit i geschrieben werden.

FAUSTREGEL

Wörter, in denen das i lang klingt, werden fast immer **mit** ie geschrieben. Wenn du dir unsicher bist, schreibe lieber mit ie.

Wörter, die mit ih und i geschrieben werden, sind Ausnahmen. Man muss sie sich merken.

⇨ Du kannst sie auf Seite 48 im Teil MERK WÜRDIGE **Wörter** sammeln.

Suche aus Büchern und Zeitschriften 100 Wörter heraus, in denen das o lang klingt.

Schreibe sie auf.
Du kannst mit anderen Kindern Wörter tauschen.

TIPP *

Denke an das Vergleichswort für o :

1
2
3
4
5
6
7
8
9
10
11
12
13
14
15
16
17
18
19
20
21
22
23
24
25
26
27
28
29
30

Suche aus Büchern und Zeitschriften 100 Wörter heraus,
in denen das o lang klingt.

Schreibe sie auf.
Du kannst mit anderen Kindern Wörter tauschen.

TIPP *

Denke an das Vergleichswort für o :

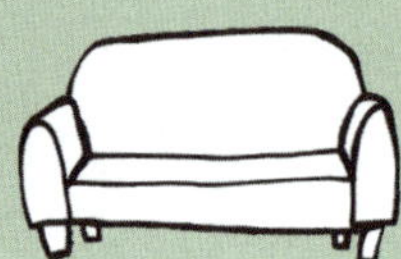

31	41	51
32	42	52
33	43	53
34	44	54
35	45	55
36	46	56
37	47	57
38	48	58
39	49	59
40	50	60

Suche aus Büchern und Zeitschriften 100 Wörter heraus, in denen das o lang klingt.

Schreibe sie auf.
Du kannst mit anderen Kindern Wörter tauschen.

TIPP *

Denke an das Vergleichswort für o :

61
62
63
64
65
66
67
68
69
70
71
72
73
74
75
76
77
78
79
80
81
82
83
84
85
86
87
88
89
90

Suche aus Büchern und Zeitschriften 100 Wörter heraus, in denen das o lang klingt.

Schreibe sie auf.
Du kannst mit anderen Kindern Wörter tauschen.

TIPP *

Denke an das Vergleichswort für o :

91 ______ 94 ______ 97 ______

92 ______ 95 ______ 98 ______

93 ______ 96 ______ 99 ______

100 ______

Wenn du **100** Wörter gefunden hast, zähle:

Ich habe __________ Wörter gefunden, die mit oo geschrieben werden.

Ich habe __________ Wörter gefunden, die mit oh geschrieben werden.

Ich habe __________ Wörter gefunden, die nur mit o geschrieben werden.

FAUSTREGEL

Wörter, in denen das o lang klingt, werden fast immer **ohne** h dahinter geschrieben. Wenn du dir unsicher bist, schreibe lieber nur ein einfaches o .

Wörter, die mit oo und oh geschrieben werden, sind Ausnahmen. Man muss sie sich merken.

⇨ Du kannst sie auf Seite 58 und 55 im Teil MERKWÜRDIGE **Wörter** sammeln.

Suche aus Büchern und Zeitschriften 100 Wörter heraus,
in denen das u lang klingt.

Schreibe sie auf.
Du kannst mit anderen Kindern Wörter tauschen.

TIPP *

Denke an das Vergleichswort für u :

1
2
3
4
5
6
7
8
9
10
11
12
13
14
15
16
17
18
19
20
21
22
23
24
25
26
27
28
29
30

Suche aus Büchern und Zeitschriften 100 Wörter heraus, in denen das u lang klingt.

Schreibe sie auf.
Du kannst mit anderen Kindern Wörter tauschen.

TIPP *

Denke an das Vergleichswort für u:

31

32

33

34

35

36

37

38

39

40

41

42

43

44

45

46

47

48

49

50

51

52

53

54

55

56

57

58

59

60

Suche aus Büchern und Zeitschriften 100 Wörter heraus, in denen das u lang klingt.

Schreibe sie auf.
Du kannst mit anderen Kindern Wörter tauschen.

TIPP *

Denke an das Vergleichswort für u:

61		71		81	
62		72		82	
63		73		83	
64		74		84	
65		75		85	
66		76		86	
67		77		87	
68		78		88	
69		79		89	
70		80		90	

Suche aus Büchern und Zeitschriften 100 Wörter heraus,
in denen das u lang klingt.

Schreibe sie auf.
Du kannst mit anderen Kindern Wörter tauschen.

TIPP *

Denke an das Vergleichswort für u :

91 ____________ 94 ____________ 97 ____________

92 ____________ 95 ____________ 98 ____________

93 ____________ 96 ____________ 99 ____________

100 ____________

Wenn du **100** Wörter gefunden hast, zähle:

Ich habe __________ Wörter gefunden, die mit uh geschrieben werden.

Ich habe __________ Wörter gefunden, die nur mit u geschrieben werden.

FAUSTREGEL

Wörter, in denen das u lang klingt, werden fast immer **ohne** h dahinter geschrieben. Wenn du dir unsicher bist, schreibe lieber nur ein einfaches u .

Wörter, die mit uh geschrieben werden, sind Ausnahmen.
Man muss sie sich merken.
⇨ Du kannst sie auf Seite 56 im Teil MERKWÜRDIGE **Wörter** sammeln.

Zu welcher Familie gehört ein Wort?

Auch Wörter haben eine **Familie**. Wenn du weißt, zu welcher Familie ein Wort gehört, weißt du schon viel über seine Rechtschreibung. Wörter, die zu einer Familie gehören, sind einander ähnlich. Wenn du ein Wort kennst, weißt du auch etwas über seine Verwandten. Das, was allen Wörtern einer Familie gemeinsam ist, nennt man **Wortstamm**.

Wenn du nicht weißt, wie ein Wort geschrieben wird, helfen dir diese Tipps:

IPP *

Denke an die Verwandten in der Wortfamilie.

b**ack**en	überb**ack**en
du b**ack**st	die B**äck**erei
der B**äck**er	das B**ack**papier

Alle Verwandten werden mit **ck** und **a** oder **ä** geschrieben.

IPP *

Verlängere die Wörter.

der Wal **d** / **t** ?	die Wäl**d**er
bun **d** / **t** ?	bun**t**e Bälle
die Ban **g** / **k** ?	die Bän**k**e

IPP *

Wenn du nicht weißt, wie ein Wort geschrieben wird, suche die **Grundformen.**

sie kle **b** / **p** t?	kle**b**en
er schwei **g** / **k** t?	schwei**g**en

Verändern und Verwandte suchen

In diesem Wörter-Kasten stehen Wörter aus 8 **Wortfamilien**.

Wähle dir 3 davon aus, suche die passenden Wörter heraus und schreibe sie auf.

Kreise den Wortstamm ein, z.B. (fahr)en, ge(fähr)lich, (Fahr)zeug.

Fänger **fahr**en Bäckerei **kauf**en ankaufen Räuber Zahl Fuhrwerk Einzahl **back**en Mehrzahl zählen zahlreich verzählt Fähre erzählen unbezahlbar fährt **zahl**en **fall**en einkaufen umfahren Unfall Backwaren Einfall Raubzug Autofahrt Verkäuferin Überfall Raubtier verfallen befahren Fuhre Einkauf Verfallsdatum Abfall Verkauf berauben Zufall **fang**en Fangzähne käuflich Fangarm gefangen einfangen befangen Umfang **fehl**en unfehlbar raubt befehlen Fahrbahn Befehl gefährlich bezahlen verfehlen Fahrzeug Gebäck verkaufen **raub**en Gefahr Raubüberfall Anfang Fehler fällt Fischfang

TIPP *

Manchmal verändert sich in einer Wortfamilie ein Vokal:

aus a wird ä, aus au wird äu, aus o wird ö, aus u wird ü, aus a wird u (z.B. f**a**hren – er f**u**hr).

BEISPIEL

Wortfamilie (fahr)en

(Fahr)bahn, (Fuhr)e, (fähr)t

Wortfamilie

Wortfamilie

Wortfamilie

Verändern und Verwandte suchen

Suche nach Wortfamilien und sammle möglichst viele Wörter dazu.
Kreise den Wortstamm ein, z.B. fahren, gefährlich, Fahrzeug.

TIPP *

Beispiele für Wörter, zu denen du bestimmt viele „Familienmitglieder“ findest:
leben, finden, arbeiten, landen, sprechen, schließen, lieben.

Wortfamilie

Wortfamilie

Wortfamilie

AUSTREGEL

Es gibt Wörter, bei denen weiß man nicht sofort, ob sie mit **e** oder **ä** geschrieben werden. Kennst du ein verwandtes Wort mit **a**, schreibe **ä**.

Wörter, die ein verwandtes Wort mit **a** haben:

Gänse → Gans

→

→

→

→

Wörter, die kein verwandtes Wort mit **a** haben:

Enten → Ente

→

→

→

→

Fallen dir noch mehr Wörter ein?

Verändern und Verwandte suchen

FAUSTREGEL

Es gibt Wörter, bei denen weiß man nicht sofort, ob sie mit **äu** oder **eu** geschrieben werden. Kennst du ein verwandtes Wort mit **au**, schreibe **äu**.

Wörter, die ein verwandtes Wort mit **au** haben:

 Häuser → Haus 

→

→

→

→

Wörter, die kein verwandtes Wort mit **au** haben:

 Eulen → Eule 

→

→

→

→

Fallen dir noch mehr Wörter ein?

USTREGEL

Es gibt Wörter, bei denen weiß man nicht sofort, ob sie mit **t** oder **d** geschrieben werden. Kal**t** und Wal**d** klingen am Ende gleich.
Verlängere die Wörter, dann kannst du hören, ob du **t** oder **d** schreiben musst: käl**t**er, Wäl**d**er …

Wörter, in denen man beim Verlängern ein **d** hört:

Wald	→	Wälder
	→	
	→	
	→	
	→	

Wörter, in denen man beim Verlängern ein **t** hört:

Elefant	→	Elefanten
	→	
	→	
	→	
	→	

Fallen dir noch mehr Wörter ein?

Verändern und Verwandte suchen

FAUSTREGEL

Es gibt Wörter, bei denen weiß man nicht sofort, ob sie mit **k** oder **g** geschrieben werden. Ber**g** und Wer**k** klingen am Ende gleich.
Verlängere die Wörter, dann kannst du hören, ob du **g** oder **k** schreiben musst: Ber**g**e, Wer**k**e…

Wörter, in denen man beim Verlängern ein **g** hört:

Zwerg	→	Zwerge
	→	
	→	
	→	

Wörter, in denen man beim Verlängern ein **k** hört:

Schrank	→	Schränke
	→	
	→	
	→	

Fallen dir noch mehr Wörter ein?

Achtung: p oder b

FAUSTREGEL

Es gibt auch Wörter, bei denen weiß man nicht sofort, ob sie mit **p** oder **b** geschrieben werden. Die**b** und lie**b** klingen am Ende wie **p**.
Verlängere die Wörter, dann kannst du hören, ob du **p** oder **b** schreiben musst: Die**b**e, lie**b**er …

Wie setzen sich Wörter zusammen?

Das Wort **bezahlen** ist aus

be	(Vorsilbe),
zahl	(Wortstamm) und
en	(Endung) zusammengesetzt.

Der Wortstamm **zahl** steckt auch in ab**zähl**en und in An**zahl**.
Alle Wörter, die denselben Wortstamm haben, gehören zu einer Familie.
Vergleiche hierzu auch Seite 35 im Teil **Verändern und Verwandte suchen**.

Viele Wörter sind aus **Bausteinen** zusammengesetzt.
Dabei darf kein Buchstabe verloren gehen.
Das Wort **Ritterrüstung** besteht z.B. aus den Wörtern **Ritter** und **Rüstung**.
Es wird in der Mitte mit **rr** geschrieben, ein **r** von **Ritter** und ein **r** von **Rüstung**.

EISPIEL

Kinderroller wird mit **rr** geschrieben,
eins von **Kinder** und eins von **Roller**.

Kinderroller

Wandtapete wird mit **d** und **t** geschrieben,
das **d** von **Wand** und das **t** von **Tapete**.

Wandtapete

PP *

Denke beim Schreiben daran, aus welchen Bausteinen ein Wort besteht:

Fahrad?	oder	**Fahrrad?**
Hantuch?	oder	**Handtuch?**
abeißen?	oder	**abbeißen?**

Setze die Wörter aus dem Wort-Baukasten zusammen.
Schreibe mindestens 20 zusammengesetzte Wörter auf.

Holz Eisen Schloss Fahrrad Loch Haus Auto Brief Ring Post Helm Tür Berg Mantel Schiff Burg Fahrt Gipfel Fluss Gummi Wald Ritter Knopf Schwert Kette Tier Kurbel Kopf Kuh See Bahn Graben Wand Rand Kunst Riegel Milch Topf Papier Garten Balken Schlüssel Kasten Rüstung Bär Zahn

Holztür

Ergänze die Wörter aus dem Wort-Baukasten mit neuen Wörtern.
Schreibe mindestens 20 zusammengesetzte Wörter auf.

EISPIEL

Post
Du kannst das Wort hinten oder vorne ergänzen: **Post**schalter, Luft**post**.

Denke dir zusammengesetzte Wörter aus. Sie sollen möglichst lang sein.
Du kannst dafür den Wort-Baukasten benutzen.

Fahrradschlossschlüssel

Zusammengesetzte Wörter

Wenn du zwei oder mehr Wörter zu einem neuen Wort zusammenbauen willst, musst du manchmal ein **n** oder ein **s** dazwischen schieben.

BEISPIEL

Blume + Strauß → Blume**n**strauß
Geburt + Tag → Geburt**s**tag
Geburt + Tag + Kuchen → Geburt**s**tag**s**kuchen

Du kannst es hören, wenn du dir das Wort genau vorsprichst.

Sammle zusammengesetzte Wörter, bei denen du noch ein **n** oder **s** dazwischen schieben musst. Schreibe sie auf.

Zusammengesetzte Wörter mit eingeschobenem n	Zusammengesetzte Wörter mit eingeschobenem s
Blumenstrauß	Geburtstag

Wörter zum Nachdenken

Bei vielen Wörtern kannst du selber herausfinden, wie sie geschrieben werden. Du kannst über die Schreibweise der Wörter **nachdenken**.

Du kannst zum Beispiel überlegen, zu welcher Wortfamilie ein Wort gehört. Dann weißt du, dass man **Räuber** mit äu schreibt, weil es mit **rauben** verwandt ist.
Oder du kannst Wörter länger machen, wenn du nicht genau weißt, wie man zum Beispiel das Wort  am Ende schreibt. Wenn du an 2  denkst, weißt du, wie man  am Ende schreibt.
Oder du weißt, wie man zum Beispiel Wörter mit einem langen i wie in  **meistens** schreibt: nämlich mit einem ie , wie in Biene, Ziege, Wiese, Liebe, Brief, spielen …

Wörter zum Merken

Es gibt aber auch Wörter, die anders geschrieben werden, bei denen das Nachdenken nicht hilft. Diese Wörter muss man sich extra merken, damit man sie richtig schreiben kann. Sie sind ! MERKWÜRDIG !

Auf den nächsten Seiten kannst du solche Wörter sammeln. Sie sind nach ihren **Merkwürdigkeiten** sortiert.

Immer wenn dir ein **merkwürdiges** Wort begegnet, suchst du dir die passende Seite und schreibst es zu den Wörtern mit der gleichen **Merkwürdigkeit** dazu.
Der  wird nicht wie  und  mit ie geschrieben. Er trifft sich auf einer Seite mit Wörtern wie Rosine, Maschine, Igel und Kino.

Wenn das i lang klingt

FAUSTREGEL

Wörter, in denen das i lang klingt, werden meist mit ie geschrieben (zum Beispiel Liebe, Sieb, viel, Ziege, Bier, Kies, vier,…). Diese Wörter muss man sich nicht extra merken! Hilfen zum Unterscheiden von kurzen und langen Vokalen findest du auf S. 12 im Teil **Lange und kurze Vokale**.

Ausnahmewörter, die mit einfachem i geschrieben werden:

BEISPIEL

der Tiger

der Biber

die Apfelsine

Wenn du schon viele Wörter gesammelt hast:
Kreise alle Wörter ein, die hinten ein -ine haben.

Ausnahmewörter, die mit ih geschrieben werden

MERK WÜRDIG

Das ih findet man nur in den persönlichen Fürwörtern (Personalpronomen) ihn, ihnen, ihr, ihm.

Wörter, in denen das V / v wie f klingt

MERKWÜRDIG

Wörter werden nur selten mit V / v geschrieben!

BEISPIEL

der **V**ogel

die **V**ier

das **V**eilchen

Wörter mit Vorsilben, die mit v anfangen

verlieren

vortragen

Manchmal klingt das V / v wie w.

Siehe Seite 52.

Wörter, die mit X / x geschrieben werden

MERKWÜRDIG

Wörter werden nur selten mit X / x geschrieben!

BEISPIEL

die Hexe

das Taxi

Wörter, die mit Y / y geschrieben werden

MERKWÜRDIG

Wörter werden nur selten mit Y / y geschrieben!

BEISPIEL

das Pony

der Yak

Das Y / y kann unterschiedlich klingen, wie:
i in Baby, j in Yak, ü in Pyramide.

Wörter, die mit Pf / pf am Wortanfang geschrieben werden

ERKWÜRDIG

Oft klingt das Pf / pf wie f !

ISPIEL

das **Pf**erd

der **Pf**eil

die **Pf**eife

Wörter, die mit chs geschrieben werden

BEISPIEL

die Eide**chs**e

der Da**chs**

Findest du auch Wörter mit chs, die keine Tiernamen sind?

Wörter, in denen das V / v wie w klingt

MERKWÜRDIG

Das V / v kommt nur selten in Wörtern vor!

BEISPIEL

der **V**ampir

der **V**ulkan

Manchmal klingt das V / v wie f.

Siehe Seite 49.

Wenn das a lang klingt

USTREGEL

Wörter, in denen das a lang klingt, werden fast immer ohne h dahinter geschrieben. Wenn du dir unsicher bist, schreibe lieber nur ein einfaches a .

→ Hilfen zum Unterscheiden von kurzen und langen Vokalen findest du auf S. 12 im Teil **Lange und kurze Vokale**.

Ausnahmewörter, die mit ah geschrieben werden

ISPIEL

der Hahn

das Fahrrad

die U-Bahn

Wenn das e lang klingt

FAUSTREGEL

Wörter, in denen das e lang klingt, werden fast immer ohne h dahinter geschrieben. Wenn du dir unsicher bist, schreibe lieber nur ein einfaches e.

Hilfen zum Unterscheiden von kurzen und langen Vokalen findest du auf S. 12 im Teil **Lange und kurze Vokale**.

Ausnahmewörter, die mit eh geschrieben werden

BEISPIEL

das Reh

die Feuerwehr

Wenn das o lang klingt

LAUSTREGEL

Wörter, in denen das o lang klingt, werden fast immer ohne h geschrieben. Wenn du dir unsicher bist, schreibe lieber nur ein einfaches o.

➡ Hilfen zum Unterscheiden von kurzen und langen Vokalen findest du auf S. 12 im Teil **Lange und kurze Vokale**.

Ausnahmewörter, die mit oh geschrieben werden

BEISPIEL

das **Oh**r

der **Oh**renkneifer

der W**oh**nwagen

Wenn das u lang klingt

FAUSTREGEL

Wörter, in denen das u lang klingt, werden fast immer ohne h geschrieben. Wenn du dir unsicher bist, schreibe lieber nur ein einfaches u .

Hilfen zum Unterscheiden von kurzen und langen Vokalen findest du auf S. 12 im Teil **Lange und kurze Vokale**.

Ausnahmewörter, die mit uh geschrieben werden

BEISPIEL

die **Kuh**

die **Uhr**

das **Huhn**

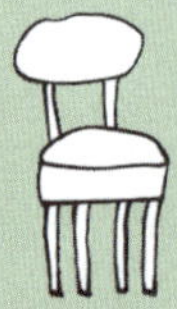

der **Stuhl**

Wenn ä ü oder ö lang klingen

USTREGEL

Wörter, in denen ä, ö oder ü lang klingen, werden fast immer ohne h geschrieben. Wenn du dir unsicher bist, schreibe lieber nur ein einfaches ä ö oder ü.

Hilfen zum Unterscheiden von kurzen und langen Vokalen findest du auf S. 12 im Teil **Lange und kurze Vokale**.

Ausnahmewörter, die mit äh geschrieben werden

EISPIEL

die Hähne

Ausnahmewörter, die mit öh geschrieben werden

EISPIEL

die Söhne

Ausnahmewörter, die mit üh geschrieben werden

EISPIEL

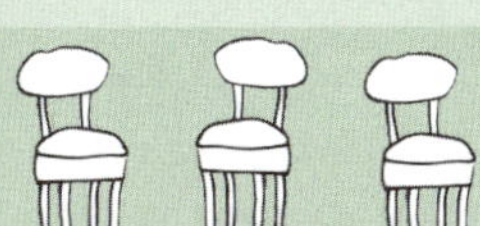

die Stühle

MERK WÜRDIGE **Wörter**

FAUSTREGEL

Wörter, in denen a, e oder o lang klingen, werden fast immer mit einfachem a, e oder o geschrieben.

Hilfen zum Unterscheiden von kurzen und langen Vokalen findest du auf S. 12 im Teil **Lange und kurze Vokale**.

Ausnahmewörter, die mit aa geschrieben werden

BEISPIEL

das Paar

Ausnahmewörter, die mit ee geschrieben werden

BEISPIEL

die Erdbeere

Ausnahmewörter, die mit oo geschrieben werden

BEISPIEL

das U-Boot

Wörter, die mit Qu / qu geschrieben werden

RK WÜRDIG

Das große **Q** und das kleine **q** brauchen immer ein **u** !

ISPIEL

der **Qu**alm

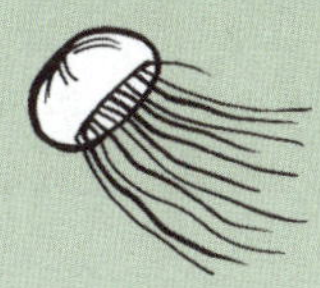

die **Qu**alle

das A**qu**arium

REGEL

Wörter, die am Wort- oder Silbenanfang **scht** oder **schp** gesprochen werden, schreibt man immer mit **st** oder **sp**.

MERK WÜRDIG

Man spricht **scht**, aber man schreibt **st**.

BEISPIEL

der **St**ern

die **St**eckdose

das **St**inktier

MERK WÜRDIG

Man spricht **schp**, aber man schreibt **sp**.

BEISPIEL

der **Sp**atz

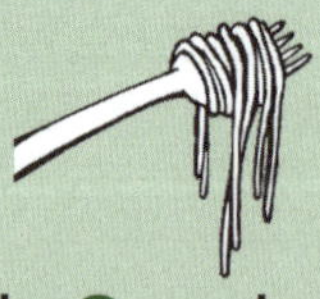

die **Sp**aghetti

das **Sp**arschwein

USTREGEL

eu und äu klingen zwar gleich, die meisten Wörter werden aber mit äu geschrieben. Sie haben verwandte Wörter, die man mit au schreibt (zum Beispiel Mäuse und Maus).

Wörter, die mit eu geschrieben werden

ISPIEL

die Feuerwehr

die Eule

Wie schreibt man weiter, wenn der Vokal a, e, i, o oder u kurz klingt?

FAUSTREGEL

In der betonten Silbe folgen nach einem kurzen Vokal fast immer zwei **Konsonanten**. Das sind die Buchstaben b, c, d, f, g, h, j, k, l, m, n, p, q, r, s, t, v, w, x, y, z.
Sind sie verschieden, kannst du sie alle hören. Sind sie gleich, hörst du nur einen.
Sprich dir das Wort deutlich vor: Wenn du nur einen Konsonanten nach dem kurzen Vokal hörst, schreibst du ihn deshalb am besten doppelt!
→ Hilfen zum Unterscheiden von kurzen und langen Vokalen findest du auf Seite 12 im Teil **Lange und kurze Vokale**.

Sprich dir das Wort deutlich vor:
Du hörst in der betonten Silbe am Anfang des Wortes nach dem kurzen Vokal o nur **einen** Konsonanten n, bevor der kurze Vokal e am Ende des Wortes folgt.
Dann schreibst du den Konsonanten doppelt: So**nn**e.

Sprich dir das Wort deutlich vor:
Du hörst in der betonten Silbe am Anfang des Wortes nach dem kurzen Vokal u **zwei** Konsonanten n und d, die schreibst du beide auf: Hu**nd**.

MERKWÜRDIG

Es gibt im Deutschen kein **zz** und **kk**. Stattdessen schreibt man **tz** und **ck** wie in

Ka**tz**e

und

Mü**ck**e.

Schreibe die Wörter.

 die

 die

 der

 der

 der

 die

 der

 das

 die

 der

 die

 der

 das

 die

 die

 die

 der

 der

 der

 der

 der

 die

 die

 die

 der

 die

 die

 das

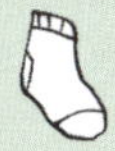 der

 die

 der

 die

 das

 das

! MERK WÜRDIG

Hier sind Wörter, die du dir merken musst, weil hier die Faustregel nicht stimmt und in der betonten Silbe nur **ein** Konsonant nach dem kurzen Vokal folgt: **am, an, hat, im, in, um, Bus, Hexe, Taxi** .

Interessante Fremdwörter, die du dir merken möchtest

das Aquarium

die Pizza

der Eishockeyspieler

der Rhythmus

das Chamäleon

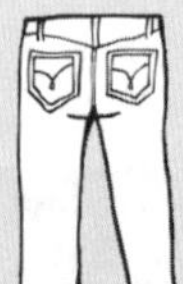

die Jeans

der Clown